My Top 10 Resolutions for the Year

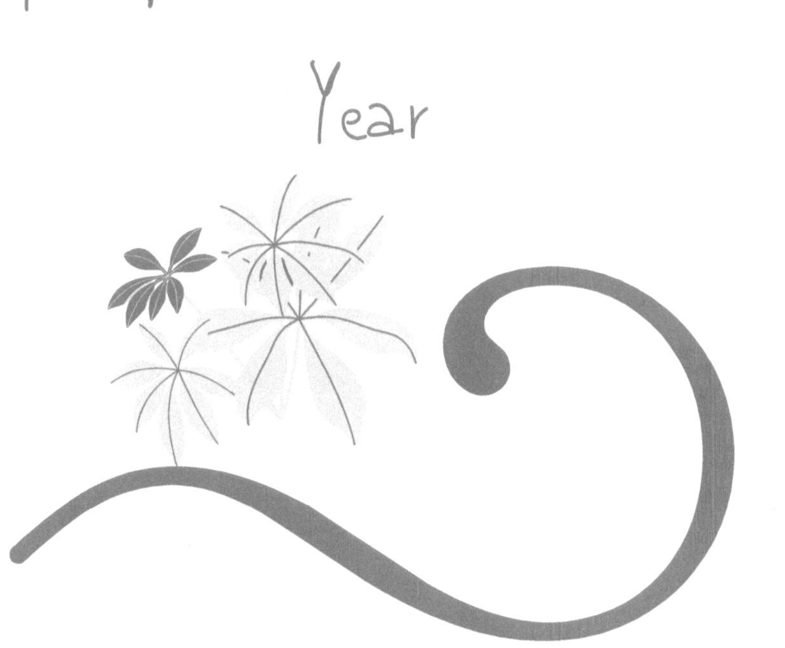

1-

Actions:

2-

Actions:

Actions:

Actions:

Actions:

Actions:

7-

Actions:

8-

Actions:

Actions:

10-

Actions:

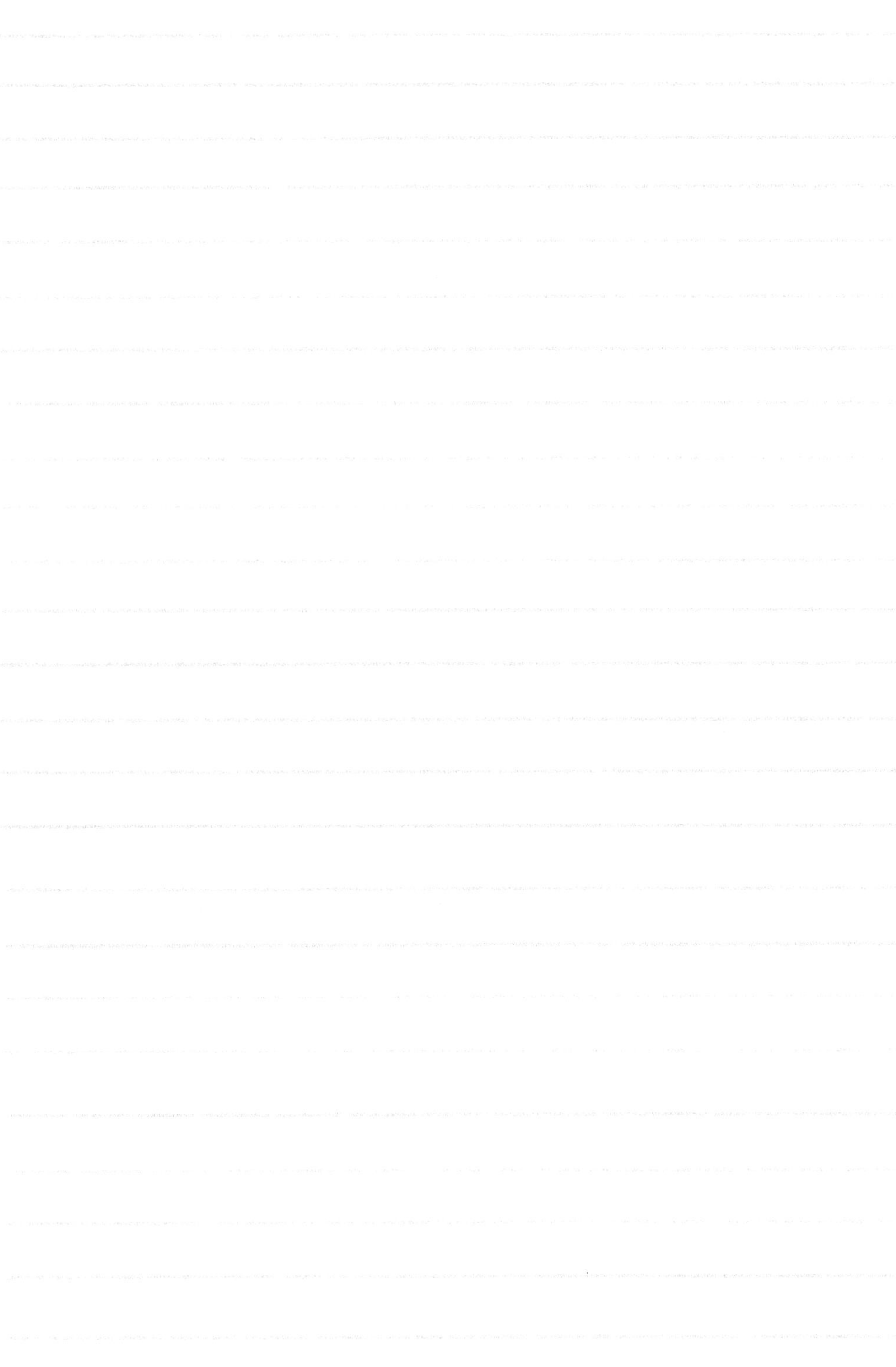

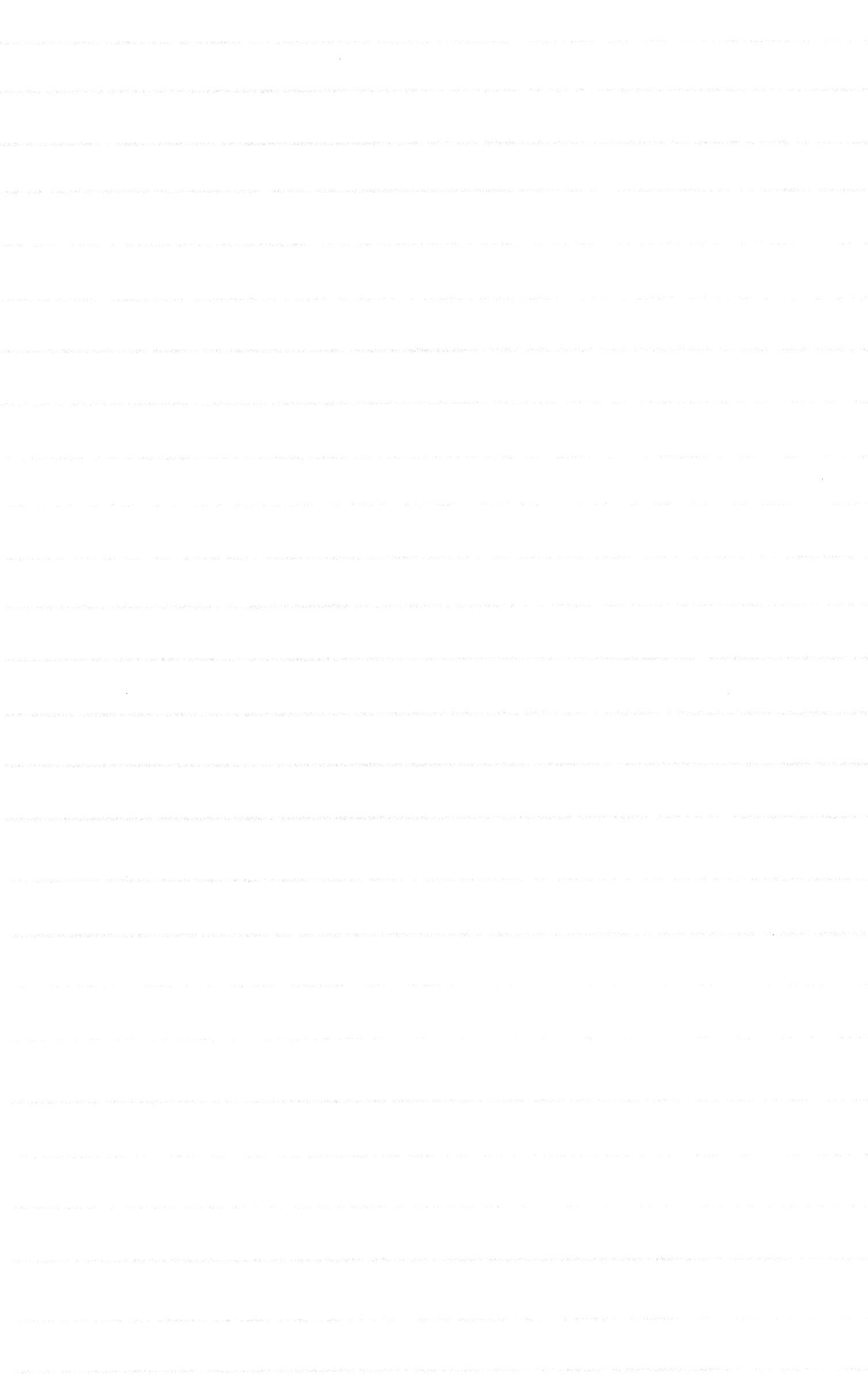

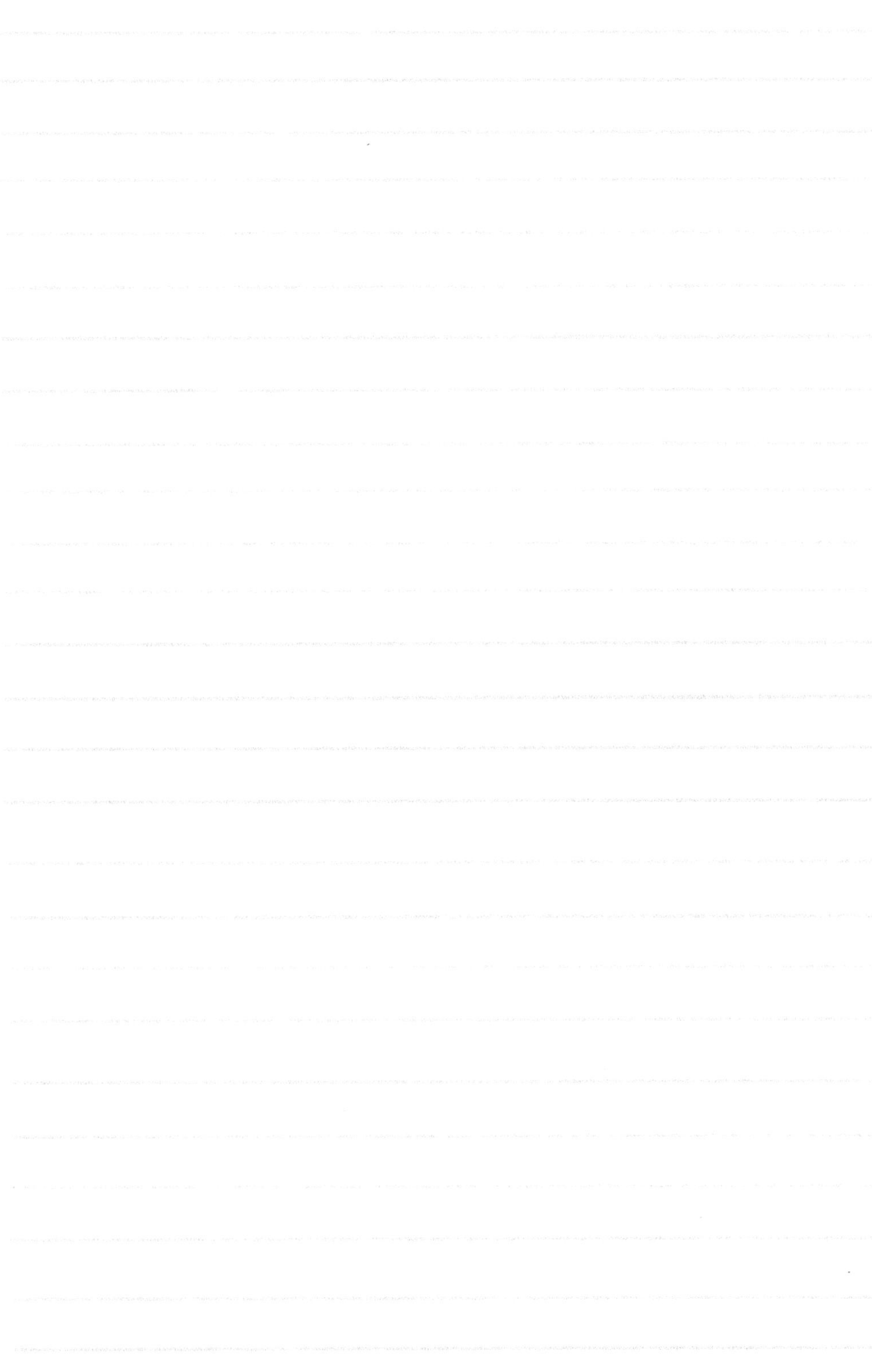

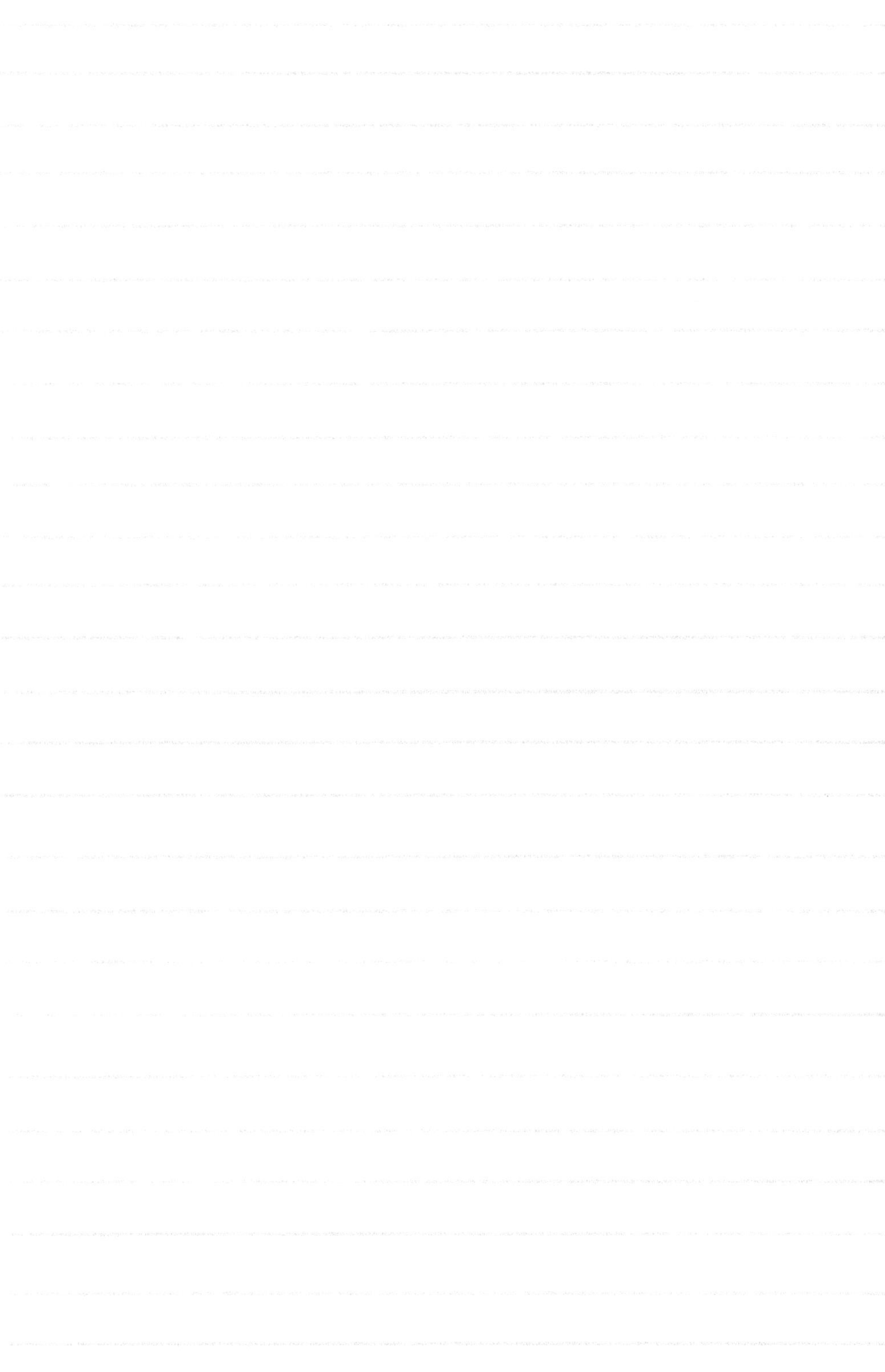